A mis lectores, con todo mi respeto y afecto. Ojalá sepamos comprender mejor cada día el mundo que habitamos y la condición humana, a fin de que sepamos construir una sociedad respetuosa en la que todos los hombres sin excepción puedan desarrollarse en paz y armonía.

Ángel Ruiz Cediel

DEONTOCRACIA

Ángel Ruiz Cediel

Autor: Ángel Ruiz Cediel
Título: DEONTOCRACIA
© 2.002 Ángel Ruiz Cediel

ARC EDICIONES
Manuel Machado, 25
28806 Alcalá de Henares, Madrid
E.Mail: arc@angelruizcediel.es
Web: www.angelruizcediel.es

PREÁMBULO

Este Proyecto de Constitución Deontocrática debe considerarse nada más que un ensayo intelectual o una propuesta de organización social que tiene el objetivo de aportar soluciones globales a los problemas existentes de la sociedad actual, aprovechando al máximo los recursos naturales y humanos con el fin de que el desarrollo de las vidas se lleve a cabo en un marco de respeto con el medioambiente y en armonía entre los distintos colectivos humanos.

Las sociedades modernas jamás se habían encontrado ante los graves problemas que las actuales generaciones del siglo XXI tienen que enfrentar. La superpoblación, la degradación del medio, la aplicación de nuevas tecnologías como la Inteligencia Artificial o la robotización y las enfermedades pandémicas y el hambre, obligan a un cambio radical de rumbo social, si es que se pretende que el hombre no desaparezca para siempre del planeta.

Hemos comprendido como especie que no podemos sobrevivir ni en la forma ni en el modo que lo hemos hecho hasta ahora. Las conductas de consumo y acaparamiento ilimitadas no son ni posibles ni convenientes en un medio limitado. Y la Tierra misma es un medio limitado. La expansión imparable de las sociedades hace desaparecer incontables especies animales cada día; el consumo desenfrenado genera problemas medioambientales que ponen en tesitura de muerte a océanos, ríos, tierra y aire; el problema de supervivencia para más de tres cuartas partes de la población mundial es a veces insuperable, generándose hambrunas que cada día se llevan a decenas de miles de seres humanos; y las acciones descabelladas de los gobiernos están muy lejos de poder frenar la sobreexplotación y la depredación del medioambiente y los recursos naturales.

Las propuestas actuales más avanzadas pasan por la reducción de la población, quizá porque solo se pretende continuar en la misma senda de consumo y acaparamiento, acortando el número de competidores, acaso comenzando por suprimir a las personas de mayor edad o a aquellas que tienen problemas de salud o de supervivencia severos, cual si cualquier ser humano fuera prescindible.

La Constitución Deontocrática abjura de ese camino. Considera que todos los seres nacidos de todas las especies tienen un derecho sagrado a la vida, y que todos pueden y deben aportar al colectivo humano sus valores porque nada ni nadie está de más en la creación.

Para lograr esto, lo primero que ha de corregirse en la constitución de una sociedad nueva y alternativa, es el propio marco en el que se desarrolla la actividad humana. Reconsiderar profundamente sus métodos, formas y propósitos, respetando siempre la libertad inalienable de cada persona y cada colectivo a crear su propio futuro con sus acciones y desarrollos. Pero, si no se quiere caer nuevamente en los mismos errores de las sociedades actuales, es imprescindible eliminar o controlar las lacras que nos ha conducido como especie a la disyuntiva en que nos encontramos.

En definitiva, no es una cuestión de número de humanos que consumen, sino de cómo lo hacen; no es una cuestión de número de humanos, sino de cómo se organizan; y no es una cuestión de número de humanos, sino de qué objetivos vitales tienen. Redefinir el objeto de la vida, pues, se presenta como el nuevo reto del siglo XXI, si es que se desea que la humanidad se extienda más allá de las fronteras de este siglo como civilización inteligente.

El modo de pensar, pues, ha de cambiar. La misma sociedad ha de ser capaz de autorregularse, confiriendo la dirección de las acciones a los más capaces y mejor formados, pero, al mismo tiempo, a quienes de entre ellos han demostrado su honestidad y entrega a sus semejantes. Por otra parte, la responsabilidad ha de ser colectiva, de modo que cada individuo, desde su puesto social, contribuya de una forma continua no solo al sostenimiento de la sociedad y al establecimiento de la justicia social, sino también a evitar cualquier clase de desvío sobre los objetivos sociales conjuntos.

La Constitución Deontocrática aspira a esto.

Sería de todo punto de vista ingenuo considerar que los aspectos negativos de la conducta humana van a desaparecer sin esfuerzo, simplemente porque en estos momentos la civilización humana se encuentra en un punto tal que, o corrige su deriva, o se extingue sin más remedio. Pero serían igualmente absurdo considerar que los actuales políticos y el actual sistema tienen alguna clase de soluciones al problema que ellos mismos han creado.

La civilización se ha organizado a lo largo de la historia de una forma ilimitada, de modo que todos los sistemas sociales implantados en su devenir han demostrado su fracaso. Poco importa que hayan sido sistemas sociales colectivos como el socialismo o el comunismo o de libre acción como el liberalismo o el capitalismo: todos han fracasado y en todos los casos han conducido a desastres tanto sociales como medioambientales, manifestándose incapaces de establecer objetivos conjuntos de futuro en los que los hombres hubieran podido continuar desarrollándose de una forma libre, equilibrada y respetuosa.

Llevamos miles de años legislando de manera continua, promulgando más y más leyes como si estas resolvieran algo, y, aunque una a una podrían ser discutidas como convenientes o inconvenientes, vistas desde la distancia actual debemos admitir que los problemas siguen siendo los mismos hoy que hace miles de años. Legislar nunca ha resuelto los problemas.

Pero también sabemos que los hombres de menos escrúpulos de todas las culturas y todas las filosofías sociales se han organizado siempre para manipular las leyes, dibujándolas a su conveniencia. Profesionales de la política, de la intriga y de los intereses espurios, han rodeado (si es no tomado directamente) el poder con el fin de manipularlo, convirtiendo así las leyes generales en un marco de acción que favorecía sus intereses particulares. Esto es necesario evitarlo, y la Constitución Deontocrática lo hace, porque elimina absolutamente todas las leyes y, en consecuencia, a todos los legisladores y grupos de presión.

Juega en contra de las sociedades la condición humana particular de los individuos que las conforman: el egoísmo, y todo lo que conlleva, es el mayor de los enemigos a batir. En parte, este sentimiento y este proceder negativo es ingénito, pero también en parte es aprendido. No se puede eliminar, pues, de golpe, y es preciso hacer un trabajo continuo de concienciación colectiva desde el alumbramiento de cada individuo, porque es la única forma de atenuarlo o controlarlo.

Sin embargo, de nada vale modificar un aspecto de la sociedad si los demás siguen siendo perversos. Han de modificarse todos simultáneamente, cambiar los principios, desde luego, pero, sobre todo, los objetivos vitales de los individuos, si es que se desea tener éxito.

La Constitución Deontocrática pretende esto. Elimina todas las leyes, y con ellas la ingeniería legal o la posibilidad de que se infiltren en el poder individuos no deseables; integra a las personas desde su nacimiento en la sociedad en condiciones de igualdad de oportunidades, a fin de que cada ser humano, conforme a su talento y esfuerzo, se desarrolle en aquello que desea, pero con la garantía de que todas su necesidades mínimas vitales van a estar cubiertas. Lo que obtenga sobre estas, será porque se lo gana con su esfuerzo individual y en beneficio del colectivo en el que está integrado. Pero, especialmente, vela porque cada individuo tenga expedito el camino para desarrollar su naturaleza individual, sin considerandos previos de cuáles o de qué tipo son.

Las sociedad que se propone, en fin, vela por cada una de sus partes, que son las personas que la conforman. Pero, además, lo hace desde una perspectiva de integración con el medio, respetuosa con cualquier forma de vida y atenta para que nada que no sea estrictamente natural la altere en cualquiera de sus formas.

Es posible otra forma de organización social que la tenemos, pero solo si la implementamos de una forma decidida, porque sus frutos no se verán en unas pocas generaciones, sino que necesitará de tiempo para que los aspectos más negativos del ser humano sean eliminados o contenidos. Solo superando esta difícil etapa, todo lo demás será posible.

Contamos de partida con grandes elementos a favor. El primero de ellos, el convencimiento de que el camino que llevamos actualmente conduce solamente a la extinción; el segundo, que disponemos de excelentes personas con una enorme formación que han demostrado sus capacidades de trabajar en beneficio de las sociedades en que se integran; y, sobre todo, que contamos con la incontestable aportación de aquellas personas que, por haber vivido muchos años y no tener ya otro beneficio que legar a las nuevas generaciones su sabiduría, nos pueden arbitrar sin inclinarse hacia ningún interés distinto del mejor para el colectivo.

Con estas herramientas y esta conciencia la Constitución Deontocrática se convierte en mucho más que una propuesta: es una posibilidad viable. Los enemigos, ese egoísmo individual que aspira a que algunos quieran vivir sobre los demás y aún dominarlos por egolatría, plantearán batalla; pero será una guerra que no podrán ganar, si cada individuo, desde su puesto, es capaz de mantenerse firme en él y defender el interés común por encima del individual.

DEONTOCRACIA

TÍTULO I

DEL SER HUMANO

TÍTULO I

Del ser humano

Artículo 1: La vida, en cualquiera de sus manifestaciones y desde el inicio de su gestación, es sagrada.

Artículo 2: La vida, nacida y/o desarrollada con condiciones distintas a las entendidas como normales o habituales, ha de ser celosamente protegida y cuidada por los demás miembros de la sociedad, procurando siempre su mayor bienestar y más conveniente evolución, dentro de sus límites físicos o intelectuales.

Artículo 3: El ser humano, por ser la especie más inteligente de cuantos seres vivos hay en la creación sobre el planeta, y por tener capacidad por su inteligencia para preservar o destruir infinitamente más que cualquier otra especie o forma de vida existente, es la medida mayor de la creación en la naturaleza y, por principio deontocrático, ha de ser el guardián y el responsable primero y último de la conservación y protección de todas las formas de vida que se dan sobre él.

Artículo 4: Los niños, por ser el futuro de la especie, merecen una atención y cuidado especiales, y la sociedad en su conjunto velará dedicadamente por su bienestar desde su nacimiento y hasta su mayoría edad, procurándoles cuanto les pudiera ser preciso para un crecimiento y desarrollo adecuados, atendiendo a las necesidades particulares, físicas, intelectuales, afectivas o de formación que pudieran precisar en cada momento.

Artículo 4.1: La infancia se extiende desde el instante mismo de la concepción hasta que el infante ha completado su formación académica y social, y ha logrado satisfactoriamente su plena integración en el orden de los adultos, independientemente de su edad.

Artículo 4.2: Los individuos que por razones de nacimiento, enfermedad sobrevenida o accidente no pudieran ser considerados como normales por tener sus cualidades físicas o intelectuales afectadas, serán considerados a todos los efectos sociales como infantes, teniendo, mientras perdure ese estado, los mismos derechos que aquellos.

Artículo 4.3: Nada habrá para los adultos de una comunidad, de lo que quiera que sea, que le falte a cualquier niño o infante de la misma.

Artículo 4.4: Cualquier falta cometida contra un infante, no importa en qué circunstancias se diera ni con qué atenuantes, será considerada como una falta gravísima contra la comunidad y contra la especie, y por ello mismo de lesa humanidad.

Artículo 5: Por haber sido creados de la misma forma y por pertenecer a la misma especie, todos los seres humanos, sin consideración de edad, raza, credo o capacidad, son iguales, con los mismos derechos inalienables y las mismas obligaciones de contribuir al desarrollo de la sociedad, según sus posibilidades.

Artículo 6: Todos los seres humanos son iguales en su esencia pero diferentes en sus particularidades, y su evolución, en consecuencia, aun inscrita en valores comunes generales para toda la especie como los son los Principios Deontocráticos, precisan de aplicaciones o acciones específicas adaptadas a las particularidades de cada individuo.

Artículo 7: Por una sociedad igualitaria en su esencia, la felicidad de cualquier miembro de la misma es la felicidad de todos y su desdicha o sufrimiento el de todos, siendo función de la comunidad el contribuir activamente para paliar en la medida de lo posible y en el menor tiempo el sufrimiento de sus semejantes.

Artículo 8: La libertad individual y colectiva es Sagrada, por ser la principal vía de evolución.

Artículo 8.1: Por libertad se entiende la capacidad soberana de cada individuo o colectividad para escoger lo que más o mejor le conviene o prefiere, teniendo esta su límite en el daño que pueda causar al medio, a la sociedad o a sus semejantes.

Artículo 8.2: Todo ser humano nace con libertad inalienable de elección de conducta, credo, pensamiento y acción, siempre dentro de los límites marcados en el *Artículo 4.1 del Título I.*

Artículo 9: El ser humano, como especie, ha sido creado e inserto en la naturaleza, y su libre evolución solo puede y debe realizarse de forma responsable y armónica con el medio y en el medio en el que ha sido creado.

Artículo 10: Tratándose de la especie dominante en nuestro planeta, el ser humano, solo por la Armonía, la Comprensión, el Amor, el Respeto y la Compasión hacia los demás seres vivos y hacia sus semejantes, se hace a sí mismo y como especie libre y sagrado.

Artículo 11: El ser humano, por ser el guardián y el responsable primero y último de la naturaleza en nuestro planeta, no debe ni puede quitar la vida a ninguna criatura viva, salvo por legítima defensa o por necesidades ineludibles de supervivencia.

Artículo 12: Todo cuanto vive en la naturaleza, y sin consideración al reino al que pertenezca, tiene derecho incontestable a que su vida, su dignidad y su libertad sean respetadas y protegidas por todos los medios por el ser humano, tanto individual como colectivamente.

Artículo 13: El fin primero y último del ser humano es, libremente pero con su esfuerzo generoso y el auxilio de su sociedad, evolucionar en Paz y Armonía, desarrollando los dones inherentes a su individualidad con los que ha nacido y combatir sus propios defectos, heredados o adquiridos.

Artículo 13.1: Se consideran dones, todas las aportaciones individuales o conductas del individuo que redundan en un beneficio propio y social, especialmente los fundamentados en la Paz, el Amor, el Respeto y la Compasión.

Artículo 13.2: Se consideran defectos, las aportaciones individuales o conductas del individuo que le perjudican a sí mismo o a la sociedad en la que se integra y desarrolla, especialmente los fundamentados en la Violencia, el Odio, el Dominio y el Egoísmo.

Artículo 14: Nada de cuanto ha sido creado o hay en la naturaleza puede destruido o modificado por el ser humano. El ser humano tiene el derecho y el deber, individual y colectivo, de sostener el medio natural y sus especies tal y como han sido creadas, respetando escrupulosamente su existencia y evolución sin interferencias ni intromisiones, ni hacia ellas ni hacia el medio natural en el que se desarrollan.

Artículo 15: La Naturaleza y sus recursos, por ser un bien colectivo de todos los seres vivos del planeta existentes o futuros, no puede ni debe ser propiedad de nadie, ni ser explotada o modificada para beneficio particular o social, fuera de lo estrictamente necesario e imprescindible para la supervivencia humana.

Artículo 16: La naturaleza es un usufructo que fía en depósito la Creación al ser humano.

Artículo 17: Nada, salvo Dios, el medio y la colectividad, está por encima del individuo.

Artículo 18: Todos los individuos tienen el derecho y el deber de proteger la integridad e independencia de la sociedad en su conjunto y de cada semejante en particular.

Artículo 19: Todo ser humano que ha completado su formación y su madurez se lo permite, tiene el deber de aportar generosamente su esfuerzo individual a su propio desarrollo evolutivo y al del colectivo, conforme a sus dones y posibilidades, para alcanzar los objetivos de libre evolución individuales y sociales.

Artículo 20: Todo ser humano tiene derecho a percibir por el desarrollo de su trabajo en beneficio de la sociedad todo lo necesario para su digno sostenimiento existencial y el desarrollo de sus dones.

Artículo 21: Ningún ser humano podrá acumular bienes materiales por encima de lo necesario para su justo sostenimiento existencial y el desarrollo de sus dones.

Artículo 21.1: Toda propiedad individual ha de estar justificada como procedente del trabajo individual o social.

Artículo 22: Todo ser humano que ha completado su formación y su madurez física e intelectual se lo permite, tiene el deber de asumir los puestos y responsabilidades para los que sea promovido por los Órganos o Consejos competentes.

Artículo 23: Todos los humanos, sin distinción alguna de ninguna clase, tienen derecho a recibir de la sociedad todos los elementos imprescindibles para su desarrollo: una nutrición adecuada a cada etapa de su vida, una vivienda familiar digna y armónica en la que desarrollarse, una educación con todos los medios necesarios orientada al desarrollo de sus específicas cualidades particulares, una sanidad tan competente como la ciencia permita y medios suficientes para su desarrollo integral vital que le permita evolucionar positivamente como ser humano.

Artículo 24: El ser humano, desde su primera edad y hasta la conclusión de su existencia, tiene derecho, según su talento y sus capacidades, a igualdad de oportunidades en Educación, Labor y Promoción Social.

Artículo 24.1: Todos los infantes recibirán de partida la misma educación, si bien su individual progreso, razón directa de sus capacidades y su esfuerzo, determinarán la duración de esta o el alcance de la misma.

Artículo 24.2: En la Educación serán materias o disciplinas preferentes las que afectan al ser humano y al medio que lo sostiene, promoviendo siempre los valores de Paz y Armonía tanto entre los miembros del colectivo humano y sus interrelaciones y capacidades como con las demás especies y el medio en el que el ser humano se desarrolla.

Artículo 24.3: Todo infante gozará del apoyo y el respaldo social, velando el colectivo porque disponga de todos los medios necesarios para que su desarrollo sea feliz y armónico, así en lo social como en lo físico, afectivo, emocional, espiritual, filosófico, intelectual y artístico, y que alcance el mayor grado de integración y evolución posible.

Artículo 24.4: Todo ciudadano con las facultades y cualidades mínimas para hacerlo, ha de empeñarse desde la primera infancia en el desarrollo y cultivo de, al menos, un arte y un deporte, y en técnicas de meditación individual y colectiva.

Artículo 25: Todo cuanto el ser humano puede llegar a poseer en la vida no es una propiedad particular, sino un usufructo vital que se reintegrará a la sociedad a la extinción del individuo.

Artículo 25.1: Nadie nacerá rico o pobre, sino que la sociedad velará porque cada ser humano tenga las mismas oportunidades, según sus méritos y capacidades, y todo cuanto le pueda ser preciso para su sostenimiento.

Artículo 25.2: Por ser la sociedad el ámbito natural en el que se desarrollan todos los individuos y estar, en consecuencia, la suerte y destino individual coaligado, todo ser humano, una vez completada su etapa formativa y siempre que se lo permitan sus cualidades físicas e intelectuales, independientemente de su ocupación y sus dones, tiene el deber de colaborar en las tareas sociales comunes que le sean asignadas, sean estas de vigilancia, servicios, administración, labor de sostenimiento o producción con el medio.

TÍTULO II

DE LA SOCIEDAD

TÍTULO II

De la sociedad

Artículo 1: El objeto y fin último de la sociedad es organizarse equilibrada y armónicamente, sin preferencias o manipulaciones, con reverencial respeto hacia el medio natural que la sostiene, con el fin de promover la positiva evolución espiritual, emocional, artística, física e intelectual de todos y cada uno de los individuos que la conforman, asegurándole a cada individuo los elementos y recursos imprescindibles para lograrlo, dentro de las posibilidades existentes en cada momento.

Artículo 2: La sociedad se organiza únicamente en base a los Principios Deontocráticos, teniendo como objetivos prioritarios el de promover a todos los miembros que la componen a niveles cada vez más altos de evolución y comprensión de sí mismos, de sus semejantes y del medio en el que habitan, potenciando sus dones y auxiliándolos para combatir sus defectos.

Artículo 3: La sociedad se organizará en Núcleos Poblacionales de un máximo de 50.000 habitantes, tan equidistantes entre sí como sea posible.

Artículo 4: Por cada 100 Núcleos Poblacionales, habrá un Núcleo Administrativo, que centralizará las labores de los Consejos Generales Administrativo de Sabios y Ancianos, Investigación y Ciencia, y Administración y Servicios Generales.

Artículo 4.1: Los Consejos Administrativos de Sabios y Ancianos de cada Núcleo Administrativo, tienen ascendencia colegiada, pero determinante, sobre los Consejos de Sabios y Ancianos de cada Núcleo Poblacional.

Artículo 4.2: Los Consejos de Sabios y Ancianos de cada Núcleo Poblacional dependiente de cada Núcleo Administrativo, formarán asamblea con el Consejo Administrativo de Sabios y Ancianos, y bajo su dirección, al menos una vez al año de forma ordinaria y cuando sea preciso de forma extraordinaria, para compartir con el conjunto de la sociedad los avances, progresos o solicitar auxilios del resto de las comunidades. Estos Consejos

Administrativos se celebrarán por presencia o por medios técnicos, según los intereses generales, pero con todas las garantías de veracidad.

Artículo 4.3: Las decisiones o directrices dimanadas del Consejo Administrativo de Sabios y Ancianos, será de aplicación general en todos los Núcleos Poblacionales dependientes de ellos.

Artículo 4.4: Para que una decisión del Consejo Administrativo de Sabios y Ancianos sea válida o sus directrices sean de aplicación obligatoria, deberá contar con el respaldo de al menos la mitad más uno de los Consejos de Sabios y Ancianos de los Núcleos Poblacionales dependientes.

Artículo 4.5: Puede ser miembro del Consejo Administrativo de Sabios cualquier ciudadano que haya completado su formación y sus facultades físicas e intelectuales se lo permitan, que además de que tenga mayor puntuación sobre sus opositores y cuya trayectoria vital y moral de servicio a la comunidad sea intachable.

Artículo 4.6: Puede ser reprobado al Consejo Administrativo de Sabios cualquier optante que cuente con la oposición de, al menos, el Consejo de Sabios de un Núcleo Poblacional.

Artículo 4.7: Será miembro del Consejo Administrativo de Ancianos, el anciano de mayor edad del Conjunto Poblacional Administrativo que tenga dominio completo de sus facultades físicas e intelectuales y su puntuación social se lo permita, eligiéndose siempre, en caso de igual edad, al que mayor puntuación social tenga en el momento de su elección.

Artículo 5: Por cada 100 Núcleos Administrativos, se establecerá un Núcleo Central de Coordinación, que contará con un Consejo General de Sabios y Ancianos, y en el que se centralizarán las decisiones y directrices generales de la Unidad Poblacional Local, además de los Centros Especiales de Formación Avanzada, Estrategia, Investigación y Ciencia Avanzada y Logística de Coordinación.

Artículo 5.1: El Consejo General de Sabios y Ancianos del Núcleo Central de Coordinación, tiene ascendencia colegiada, pero determinante, sobre los

Consejos de Sabios y Ancianos de cada Núcleo Administrativo.

Artículo 5.2: Los Consejos de Sabios y Ancianos de todos los Núcleos Administrativos dependientes de cada Núcleo Central de Coordinación, formarán asamblea con el Consejo General de Sabios y Ancianos del Núcleo Central de Coordinación, y bajo su dirección, al menos una vez al año de forma ordinaria y cuando sea preciso de forma extraordinaria, compartirán los avances, progresos o solicitarán auxilios del resto de las comunidades. Estos Consejos Generales se realizarán por presencia o por medios técnicos, según los intereses generales, pero con todas las garantías de veracidad.

Artículo 5.3: Las decisiones o directrices dimanadas del Consejo General de Sabios y Ancianos, será de aplicación general en todos los Núcleos Poblacionales o en aquellos a los que estas directrices o decisiones afectaran, a fin de que la evolución social sea armónica y equilibrada, sin diferencias entre las distintas áreas geográficas, velando porque todos y cada uno de los Núcleos tenga las mismas oportunidades.

Artículo 5.4: Para que una decisión del Consejo General de Sabios y Ancianos sea válida o sus directrices sean de aplicación obligatoria, deberá contar con el respaldo de al menos la mitad más uno de los Consejos Administrativos de Sabios y Ancianos.

Artículo 5.5: Puede ser miembro del Consejo General de Sabios cualquier ciudadano que haya completado su formación y sus facultades físicas e intelectuales se lo permitan, tenga mayor puntuación sobre sus opositores y cuya trayectoria vital y moral de servicio a la comunidad sea intachable y ejemplar.

Artículo 5.6: Puede ser reprobado al Consejo General de Sabios cualquier optante que cuente con la oposición de al menos un Consejo Administrativo de Sabios.

Artículo 5.7: Será miembro del Consejo General de Ancianos, el anciano de mayor edad del Conjunto Central de Coordinación que tenga dominio completo de sus facultades físicas e intelectuales y su puntuación social se lo permita, eligiéndose siempre, en caso de igual edad, al que mayor puntuación social tenga en el momento de su elección.

Artículo 6: Por continente se establecerá un Núcleo Supremo de Coordinación, administrado y regido por un Consejo Supremo de Sabios y Ancianos, cuya labor será únicamente rectora, de mediación moral y de vigilancia ética de todos los Consejos Generales de Sabios y Ancianos.

Artículo 6.1: El Consejo Supremo de Coordinación de Sabios estará formado por los 12 seres humanos de mayor valía de todo el continente, y sus miembros serán promovidos al puesto por acuerdo de al menos tres cuartas partes de los Consejos Generales de Sabios en su reunión anual.

Artículo 6.2: El Consejo Supremo de Coordinación de Ancianos estará formado por los 12 ancianos de mayor edad del continente que tengan puntuación positiva, y que sus facultades físicas e intelectuales se lo permitan.

Artículo 6.3: La función del Consejo Supremo de Sabios y Ancianos será tanto moral como ejecutiva, fijándose como la más importante la vigilancia del cumplimiento e implantación de todos los valores deontocráticos por parte de todos los Consejos y en todos los Núcleos.

Artículo 6.4: El Consejo Supremo de Sabios y Ancianos tiene capacidad, en la Asamblea General con los Consejos

Generales que se celebrará al menos una vez al año bajo su autoridad, y siempre que cuenten con el respaldo de al menos la mitad más uno de los Consejos Generales de Sabios y Ancianos, para imponer los criterios deontocráticos y aun para sancionar y destituir a miembros y Consejos cuya eficacia en su labor sea cuestionable a criterio general, aun utilizando la fuerza, si fuera preciso, que le prestará la Asamblea General y los Núcleos que estos coordinan.

Artículo 7: A nivel planetario se establecerá un Consejo Máximo de Sabios y Ancianos, al que reportarán en Asamblea Máxima todos los Consejos Supremos de Sabios y Ancianos de los seis continentes al menos una vez al año.

Artículo 7.1: El Consejo Máximo de Sabios estará formado por los 12 seres humanos más cualificados de la humanidad, conforme a cada disciplina.

Artículo 7.2: El Consejo Máximo de Ancianos estará formado por los 12 seres humanos más ancianos de la humanidad, siempre que tengan puntuación positiva y conserven el dominio de sus funciones físicas e intelectuales.

Artículo 7.3: Las funciones del Consejo Máximo de Sabios y Ancianos, colegiadamente, son la vigilancia de implantación de los principios deontocráticos, velando por el equilibrio de toda la sociedad humana en su evolución, y teniendo capacidad para imponer directrices específicas que conduzcan a este fin, aun por la fuerza, siempre que cuenten con el respaldo de la mitad más uno de los Consejos Supremos.

Artículo 8: Administrativamente, y siempre que sea posible, cada Núcleo Poblacional tratará por todos los medios de implantar la autarquía de sostenimiento vital, conforme a las posibilidades del medio en que se encuentra.

Artículo 9: La movilidad entre Núcleos Poblacionales, Administrativos o Centrales de Coordinación solo podrá realizarse por imperativo ineludible, usando conductos cerrados y subterráneos que respeten íntegramente el Medio Natural, y siempre por sistemas técnicos probadamente no contaminantes, o mediante animales domésticos que respeten escrupulosamente el medio natural.

Artículo 10: Cada Núcleo Poblacional deberá contar con áreas perfectamente delimitadas y no interferidas para habitabilidad, labor y tareas agrícolas, ganaderas y/o marítimas.

Artículo 10.1: Los Núcleos Poblacionales estarán separados físicamente del medio natural por barreras ostensibles y físicas, tales como canales o murallas, a fin de preservar al medio de interferencias casuales o intencionadas.

Artículo 10.2: Con el fin de promover la interrelación social, las viviendas se alzarán siempre en la parte Central de los Núcleos Poblacionales, en torno a amplios patios solariegos comunes por Unidad Vivencial, cada una de las cuales contará con Servicios Comunes de Atención Infantil, Sanidad de Primeros Auxilios, Teatro y Zona de Juegos para infantes y adultos.

Artículo 11: Por haber nacido todo ser humano para evolucionar positivamente, sirviéndose a sí mismo y a la sociedad e integrado en un medio natural que debe respetar escrupulosamente, la austeridad de sostenimiento y consumo será una prioridad individual y social.

Artículo 12: Todos los ciudadanos que integran cada Núcleo Poblacional tienen el deber de participar en las tareas sociales comunes por turnos o etapas: seguridad, defensa, servicios sociales de limpieza y orden, administración, producción, etc.

Artículo 13: La construcción de la sociedad es cosa de todos los ciudadanos durante toda su vida, velando siempre cada ciudadano porque las siguientes generaciones hereden una sociedad más justa, amorosa, compasiva, equilibrada y perfecta.

Artículo 14: Todos los servicios públicos y el funcionariado corresponden al total de la población, sin más salvedad que la imposibilidad por razones físicas, sanitarias o intelectuales de los ciudadanos que se encontrara, por turnos o etapas de no más de dos meses. No existirán puestos o cargos vitalicios o que recaigan sobre los mismos individuos o las mismas familias.

Artículo 15: Los Consejos de Sabios y Ancianos que regularizan la convivencia social, tienen el deber de orientar a cada ciudadano hacia el puesto o la tarea que más y mejor beneficie al propio individuo y al conjunto de la sociedad, procurando que entre todas las tareas, con independencia de su disciplina, exista equilibrio de esfuerzo y de retribución o compensación.

Artículo 16: Todo individuo, por el mero hecho de nacer, lo hace con 10 puntos. Estos puntos de origen se incrementarán o se restarán en función de sus logros y su reconocimiento social o de sus faltas, computándose una vez al año en la Asamblea Ciudadana que, promovida y regida por el Consejo de Sabios y de Ancianos, reunirá a cada Núcleo Poblacional.

Artículo 16.1: Para otorgar un

punto a cualquier ciudadano, siempre por llevar a cabo actos o tareas del que se ha beneficiado la sociedad en su conjunto, se precisa, al menos, contar con el favor de la mitad más uno de los ciudadanos que conforman el Núcleo Poblacional.

Artículo 16.2: Para restar un punto a cualquier ciudadano, siempre por llevar a cabo actos que han perjudicado a su propia persona o al conjunto de la sociedad, se precisa, al menos, contar con el disfavor de la mitad más uno de los ciudadanos que conforman el Núcleo Poblacional.

Artículo 16.3: Para promocionar a un ciudadano a un cargo o puesto de responsabilidad social, ha de considerar el Consejo de Sabios y Ancianos, primero, su puntuación, teniendo preferencia quien más puntos ostenta, y en caso de empate, las cualidades morales de la persona en cuestión y de sus valores específicos y técnicos para el cargo.

Artículo 17: La evolución humana no puede desentenderse del medio en el que ha sido creada. La ciencia, en consecuencia, habrá de tener como prioridad absoluta el servicio al ser humano como especie, a la vez que el respeto escrupuloso al medio.

Artículo 18: Se considera ilegítimo cualquier conocimiento o disciplina que no contribuya a la evolución positiva del ser humano en Armonía, Amor y Respeto con sus semejantes y el medio.

Artículo 19: Ningún avance o progreso

técnico podrá ser implantado, ni particular ni socialmente, antes de al menos un siglo de ensayos en los Centros de Investigación y Ciencia, a fin de determinar exhaustivamente lo inocuo para con el ser humano y el medio del elemento en cuestión, desde la obtención de las materias primas, el proceso productivo y hasta las últimas consecuencias o efectos potencialmente secundarios que pudiera ocasionar.

Artículo 20: El desarrollo de las capacidades y potenciales positivos humanos y las aplicaciones de elementos y substancias naturales para combatir los males que puedan afectar al ser humano o de los que se pueda servir para cubrir sus necesidades, será un objetivo prioritario de la ciencia.

Artículo 21: Ninguna persona puede acaparar haberes superiores al doble del mínimo anual fijado como necesarios para una supervivencia digna por los Consejos de Sabios y Ancianos Máximos, multiplicados por el número de años que le resten de existencia, según las estimaciones estadísticas de esperanza de vida

Artículo 21.1: Si un individuo, por su esfuerzo y laboriosidad alcanzara ese máximo de haberes, deberá dejar de trabajar como individuo y será integrado en el Comité de Expertos, donde será mantenido .

TÍTULO III

DE LOS ÓRGANOS SOCIALES

TÍTULO III

De los Órganos Sociales

Artículo 1: La estructura social será siempre piramidal, ocupando el vértice de la misma los individuos de mejor formación y mayor valía moral, espiritual y social.

Artículo 2: La sociedad se regula por las directrices de sus Consejos: el de Sabios y el de Ancianos.

Artículo 3: El Consejo de Sabios estará formado por aquellas personas de mejor formación de entre todos los ciudadanos y que, además, sean de reconocida, contrastada y documentada valía por haber alcanzado en su trayectoria vital la mayor puntuación por sus contribuciones al desarrollo deontocrático de la misma, y cuyos juicios sean sobradamente constatados como equilibrados, justos, compasivos y capaces.

Artículo 4: El número de miembros que conformará el Consejo de Sabios será de doce, cada uno de ellos en una disciplina distinta: Espiritual, Médica, Agraria, Estratégica, Educativa, Artística, Laboral, Naturalista, Científica, Analítica, Económica y de Seguridad.

Artículo 5: Los sabios que sean elegidos para el Consejo de Sabios, serán designados por los miembros del mismo Consejo de Sabios, colegiadamente con el Consejo de

Ancianos, de entre todos los optantes.

Artículo 6: Cualquier individuo podrá optar libremente a ser miembro del Consejo de Sabios, siempre que haya concluido su etapa formativa con sobrados y reconocidos merecimientos, su madurez física e intelectual se lo permita y tenga puntuación suficiente, lícitamente obtenida por sus merecimientos y aportes al desarrollo de la colectividad

Artículo 7: El Consejo de Ancianos estará conformado por los doce miembros de mayor edad del núcleo social correspondiente, siempre que estos tengan dominio y control completo sobre su estado físico e intelectual y no tengan puntuaciones negativas por deméritos en su trayectoria vital.

Artículo 8: Todas las directrices dimanadas de los Consejos han de ser colegiadas para ser válidas, contando con la aprobación de al menos 10 de los doce miembros de cada Consejo, y su objetivo incuestionable será redundar en los objetivos deontocráticos sociales descritos en el *Artículo 1 del Título II*.

Artículo 9: La justicia el equilibrio sociales es el objetivo fundamental de los Consejos.

Artículo 10: No habrá más leyes, de ninguna índole y bajo ninguna circunstancia, que la Constitución Deontocrática, la cual deben conocer exhaustivamente todos los ciudadanos desde su primera edad, siempre que ello sea posible por sus capacidades intelectuales.

Artículo 10.1: La regulación de la convivencia, así como la penalización de las faltas, les corresponde sancionarlas únicamente a los ciudadanos, según el grado de evolución de su propia sociedad, valorando siempre las conductas o las normas imperantes en base a los principios deontocráticos de Amor, Comprensión y Compasión, pero preservando los valores e intereses de la sociedad por encima de la individualidad.

Artículo 11: Las directrices que dimanen de los Consejos han de ajustarse inexcusablemente siempre al espíritu de esta Constitución Deontocrática.

Artículo 12: Las faltas o delitos que pudieran cometer los individuos, serán sancionados conforme a su propio criterio por un Tribunal Social compuesto por doce individuos del mismo Núcleo Poblacional en que ha sido cometido el delito o la falta, cada uno de ellos perteneciente a una de las disciplinas enumeradas en el *Artículo 3 del Título III.*

Artículo 12.1: Tras de cada penalización determinada por un Tribunal Social, la comunidad realizará una Asamblea General bajo la autoridad del Consejo de Sabios y Ancianos para determinar las causas del error social que ha provocado la falta del individuo, y, si correspondiera, determinar los elementos correctivos sociales para que la misma no vuelva a propiciarse.

Artículo 13: Para que una sentencia sea válida deberá contar con una mayoría de al menos 10 de los 12 miembros del Tribunal Social.

Artículo 14: No habrá forma distinta de sanción social, por causa de una falta o delito que el trabajo social, siempre conforme y equilibradamente a la falta, ni superior a diez veces la falta o el delito, ni inferior a dos.

Artículo 15: Para el caso de delitos contra la vida, la falta podrá ser sancionada, como máximo, apartando a una isla o zona incomunicada al infractor, de la cual no podrá salir en el resto de su existencia.

Artículo 15.1: Las Islas Penitenciarias serán elegidas por cada Consejo Máximo, siempre muy lejos de las costas continentales y lo más distantemente posible de otras masas de tierra, y en ellas se liberarán a los individuos antisociales o que han cometido delitos de lesa humanidad, velando la sociedad porque no puedan salir de ellas en el resto de sus existencias, pero consintiendo que en ellas vivan en completa libertad y sin más guardianes que quienes desde el exterior marino velen porque no se produzcan evasiones.

Artículo 15.2: Ningún individuo no penado podrá entrar en esas Islas Penitenciarias bajo ningún concepto. Solo los Consejos Máximos de Sabios y Ancianos pueden autorizar la excepción a fuerzas correctivas ,si los penados pudieran convertirse en un peligro emergente para la sociedad.

Artículo 15.3: Todo individuo recluido en una Isla Penitenciaria por consecuencia de sus delitos contra la vida o de lesa humanidad, será considerado a efectos sociales como no-existente.

Artículo 16: Todos los ciudadanos tienen el derecho y el deber de formar parte, rotatoriamente, del Tribunal Social pertinente, cuando a tal fin sea convocados por los Consejos de Sabios y Ancianos de su Núcleo Poblacional.

Artículo 17: El fin primero y último de las sentencias emitidas por los Tribunales Sociales será la protección de la sociedad deontocrática y sus Principios y espíritu de evolución positiva de los individuos que la componen, velando por la corrección de las desviaciones de conducta que los individuos pudieran cometer.

Artículo 17.1: Actuando siempre bajo los Principios Deontocráticos de Amor, Compasión y Equilibrio, el Tribunal Social velará siempre, en primer lugar, por los intereses y emociones de la víctima y la sociedad, y solo después, una vez salvaguardados estos, por los del infractor.

Artículo 17.2: Las penas o castigos sociales impuestos por un Tribunal Social, estarán exentas siempre de ánimo contrario a los Principios Deontocráticos, y su único fin es la recuperación íntegra del infractor para el conjunto de la Sociedad, si ellos es posible, o evitar que pueda dañar nuevamente a la sociedad, si el daño producido es de lesa humanidad.

Artículo 17.3: No existe ninguna tipificación o límite en los correctivos impuestos por un Tribunal Social, quedando estos al libre albedrío de la unanimidad del Tribunal, pero siempre aplicados bajo la estricta observancia de los Principios Deontocráticos de Amor, Compasión y Equilibrio entre la falta y el correctivo.

Artículo 17.4: Solo en los casos de atentado contra la vida, de lesa humanidad, o cuando lo antisocial de la conducta de un individuo por lo reiterado de sus faltas sea tan manifiesta que su recuperación para la sociedad no sea viable con ninguna clase de esfuerzo, se le podrá apartar de la sociedad a una Isla Penitenciaria.

Artículo 18: Cualquier abuso de poder o

favoritismo de cualquier índole en el desempeño de una tarea social, cualquiera que sea esta pero especialmente si se forma parte de un Consejo o un Tribunal, por parte de cualquier individuo, será considerado a todos los efectos como un delito de lesa humanidad, pues que contra todos los semejantes se perpetra directa o indirectamente, y, por ello mismo, será condenado con la exclusión social del individuo y su apartamiento a una Isla Penitenciaria.

DISPOSICIÓN FINAL

Artículo final: Ninguna otra ley distinta que esta Constitución Deontocrática es necesaria, no importa cuál sea el ámbito de aplicación o el contenido de la misma. Cualquier situación que deba dirimir la sociedad y que no esté recogida en esta Constitución, se hará por la decisión de la mayoría de cada núcleo social, atendiéndose a las costumbres y modos que esa mayoría han entendido como aceptables, y siempre dentro de los límites que marca esta Constitución. Si esta decisión, debido a la gravedad del caso o a no alcanzar una mayoría suficiente como resolverla y cediera su decisión soberana al núcleo inmediato superior, será este el que decida sobre el asunto, cuya resolución se determinará igualmente por mayoría Consejo. Los asuntos que afecten a la sociedad en su conjunto, o aun los que pudieran afectar al sistema como tal, serán dirimidos por el Consejo Supremo.

ÍNDICE

TÍTULO I
Del ser humano:.. Pág. 19

TÍTULO II
De la sociedad:... Pág. 37

TÍTULO III
De los órganos sociales:.............................. Pág. 63